PERSONNELS DES CADRES AUXILIAIRES

DU

SERVICE DE L'INTENDANCE

Décret du 7 mai 1908 relatif à la constitution et à l'avancement du cadre auxiliaire du service de l'intendance.

Programme des connaissances exigées.

4e édition, mise à jour jusqu'au 18 octobre 1915.

PARIS

HENRI CHARLES-LAVAUZELLE

Éditeur militaire

124, Boulevard Saint-Germain, 124

—

MÊME MAISON A LIMOGES

—

1915

PERSONNELS DES CADRES AUXILIAIRES

DU

SERVICE DE L'INTENDANCE

Décret du 7 mai 1908 relatif à la constitution et à l'avancement du cadre auxiliaire du service de l'intendance.

Programme des connaissances exigées.

4ᵉ édition, mise à jour jusqu'au 18 octobre 1915.

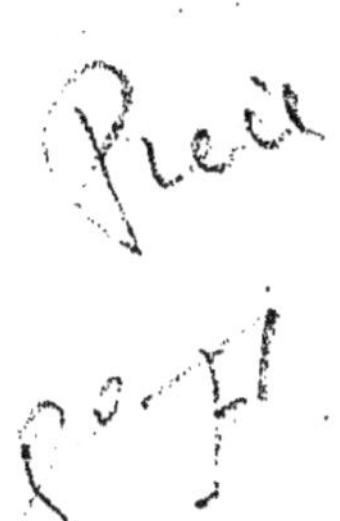

PARIS

Henri CHARLES-LAVAUZELLE

Éditeur militaire

124, Boulevard Saint-Germain, 124

MÊME MAISON A LIMOGES

1915

AVIS IMPORTANT

POUR LA DURÉE DE LA GUERRE

Consulter le décret du 12 novembre 1914 (*B. O.*, s.-p., p. 1098) et l'instruction du 13 décembre 1914 (*B. O.*, s.-p., p. 1133) relatifs à la nomination à titre temporaire, pour la durée de la guerre, au grade de sous-lieutenant ou assimilé.

TABLE DES MATIÈRES

PERSONNELS DES CADRES AUXILIAIRES

DU

SERVICE DE L'INTENDANCE

Décret relatif à la constitution du cadre auxiliaire du service de l'intendance et à l'avancement des personnels de ce cadre.

Paris, le 7 mai 1908.

DÉCRET.

Le Président de la République française,

Vu la loi du 13 mars 1875, relative à la constitution des cadres et des effectifs de l'armée active et de l'armée territoriale ;

Vu le décret du 31 août 1878, portant règlement sur l'état des officiers de réserve et des officiers de l'armée territoriale ;

Vu la loi du 16 mars 1882 sur l'administration de l'armée ;

Vu le décret du 7 décembre 1894 sur la constitution du cadre auxiliaire du service de l'intendance et sur l'avancement des personnels de ce cadre ;

Vu la loi du 28 avril 1900 modifiant la loi sur l'administration de l'armée en faveur des officiers d'administration ;

Vu la loi du 21 mars 1905 sur le recrutement de l'armée ;

Vu le décret du 10 décembre 1907, relatif à l'avancement des officiers de réserve et des officiers de l'armée territoriale ;

Sur le rapport du Ministre de la guerre,

Décrète :

Art. 1er. Le corps de l'intendance militaire et le corps des officiers d'administration du service de l'intendance sont complétés, en cas de mobilisation, par un cadre auxiliaire qui comprend :

1° Des fonctionnaires, depuis le grade d'adjoint à l'intendance jusqu'au grade de sous-intendant de 1re classe ;

2° Des attachés de 2ᵉ classe et de 1ʳᵉ classe à l'intendance, grades correspondant à ceux de la hiérarchie militaire, savoir :

Le grade d'attaché de 2ᵉ classe à celui de sous-lieutenant ;

Le grade d'attaché de 1ʳᵉ classe à celui de lieutenant ;

3° Des officiers d'administration, depuis le grade d'officier d'administration de 3ᵉ classe jusqu'au grade d'officier d'administration principal.

Art. 2. Les attachés à l'intendance n'ont pas qualité de fonctionnaires et ne peuvent en avoir les attributions.

Art. 3. Les fonctionnaires, les attachés et les officiers d'administration du cadre auxiliaire se recrutent dans les conditions fixées par une instruction ministérielle qui en détermine le nombre.

Sont seuls susceptibles de parvenir au grade de sous-intendant de 3ᵉ classe ou au grade d'officier d'administration principal, dans la réserve, les adjoints à l'intendance et les officiers d'administration de 1ʳᵉ classe, provenant de l'armée active et comptant au moins six ans de grade, qui ont été proposés pour l'avancement alors qu'ils appartenaient à l'armée active.

Art. 4. L'avancement est donné exclusivement au choix ; il a lieu sur l'ensemble du cadre et par section en ce qui concerne les officiers d'administration.

Sauf pour les attachés de 2ᵉ classe et les officiers d'administration de 3ᵉ classe, qui sont promus dans les conditions particulières prévues aux articles 1ᵉʳ et 5 du décret du 10 décembre 1907, les conditions (ancienneté de grade et périodes d'instruction) exigées par le même décret s'appliquent à l'avancement des personnels du cadre auxiliaire du service de l'intendance, sous les réserves suivantes :

Les adjoints à l'intendance et les attachés de 1ʳᵉ classe à l'intendance, qui proviennent des capitaines, des lieutenants et des officiers d'administration de la réserve ou de l'armée territoriale, sont admis à compter pour l'avancement le temps passé par eux dans leur situation précédente. Toutefois, ils ne peuvent être promus que s'ils ont accompli dans le cadre auxiliaire quatre ans de grade d'adjoint à l'intendance ou d'attaché de 1ʳᵉ classe, et une période d'instruction, au moins, avec leur dernier grade.

Exceptionnellement, les adjoints à l'intendance de l'armée territoriale, provenant des officiers retraités ou démissionnaires, peuvent être promus au grade de sous-intendant de 3ᵉ classe, lorsqu'ils comptent six ans de grade, tant comme officiers de l'armée active que comme adjoints à l'intendance du cadre auxiliaire, dont deux au moins de ce dernier grade, et s'ils ont accompli une période d'instruction.

Art. 5. Quand des nominations au tour de l'avancement et des nominations au tour du recrutement sont faites, à la même date, dans le même grade, les officiers promus prennent rang avant les officiers provenant du recrutement, ces derniers étant classés entre eux suivant leur ancienneté de grade.

Art. 6. Le décret du 10 décembre 1907 est applicable au cadre auxiliaire du service de l'intendance en tout ce qui n'est pas contraire aux dispositions qui précèdent.

Art. 7. Le décret du 7 décembre 1894, modifié les 5 septembre 1897 et 20 juin 1900, est abrogé.

Art. 8. Le Ministre de la guerre est chargé de l'exécution du présent décret.

Instruction relative aux officiers et assimilés de complément (1).

Art. 1ᵉʳ. L'instruction relative aux officiers et assimilés de complément s'applique, en tout ce qui n'est pas contraire aux dispositions qui font l'objet de la présente instruction, aux personnels du cadre auxiliaire du service de l'intendance.

TITRE PREMIER.

Effectifs.

Art. 2. Les effectifs de ces personnels (réserve et armée territoriale) sont fixés comme il suit :

a) *Fonctionnaires et attachés.*

Sous-intendants,	de 1ʳᵉ classe	(illimité).
	de 2ᵉ classe	(illimité).
	de 3ᵉ classe	130.

---

(1) Volume n° 72 (*B. O.*, É. M.).

Adjoints à l'intendance.. 130.

Attachés............ { de 1re classe } à l'intendance.. { fixé par le Ministre,
{ de 2e classe } { suivant les besoins.

b) *Officiers d'administration.*

	BUREAUX de L'INTENDANCE.	SUBSISTANCES.	HABILLEMENT et CAMPEMENT.
Officiers d'administration. { principaux.. { de 1re classe. { de 2e classe. { de 3e classe.	(illimité) 145	(illimité) 220	(illimité) 20
	fixé par le Ministre, suivant les besoins.		

TITRE II.

Recrutement.

CHAPITRE Ier.

FONCTIONNAIRES ET ATTACHÉS.

Art. 3. Les attachés de 2e classe se recrutent :

1° *Par voie de concours,* parmi :

a) Les anciens sous-officiers de l'armée active comptant au moins deux ans de grade soit dans l'armée active, soit dans les réserves;

b) Les adjudants de réserve provenant des caporaux de l'armée active;

c) Les anciens engagés conditionnels libérés du service actif avec le grade de caporal;

d) Les sous-lieutenants et les officiers d'administration de 3e classe des services d'état-major et du recrutement, de l'artillerie, du génie, de l'intendance et de santé, appartenant à la réserve ou à l'armée territoriale;

2° *Par voie de nomination sans examen préalable,* parmi :

a) Les attachés de 2e classe à l'intendance des troupes coloniales, les commissaires de 3e classe de la marine et les admi-

nistrateurs de 3ᵉ classe de l'inscription maritime, démissionnaires;

b) Les fonctionnaires visés à l'article 7 ci-après et déjà pourvus, au moins depuis deux ans, du grade de sous-officier, soit
dans la réserve, soit dans l'armée territoriale.

Art. 4. Les attachés de 1ʳᵉ classe se recrutent :

1° *Par voie d'avancement*, parmi les attachés de 2ᵉ classe ;

2° *Par voie de concours*, parmi les lieutenants et les officiers
d'administration de 2ᵉ classe des services d'état-major et du recrutement, de l'artillerie, du génie, de l'intendance et de santé,
appartenant à la réserve ou à l'armée territoriale ;

3° *Par voie de nomination sans examen préalable*, parmi :

a) Les attachés de 1ʳᵉ classe à l'intendance des troupes coloniales, les commissaires de 2ᵉ classe de la marine et les administrateurs de 2ᵉ classe de l'inscription maritime, démissionnaires;

b) Les fonctionnaires visés à l'article 7 et déjà pourvus, au
moins depuis quatre ans, du grade de sous-lieutenant ou d'officier d'administration de 3ᵉ classe des services d'état-major et du
recrutement, de l'artillerie, du génie, de l'intendance ou de
santé, soit dans la réserve, soit dans l'armée territoriale.

Art. 5. Les adjoints à l'intendance se recrutent :

1° *Par voie d'avancement*, parmi les attachés de 1ʳᵉ classe ;

2° *Par voie de nomination sans examen préalable*, parmi :

a) Les adjoints à l'intendance de l'armée active (troupes métropolitaines et coloniales), démissionnaires;

b) Les commissaires de 1ʳᵉ classe de la marine et les administrateurs de 1ʳᵉ classe de l'inscription maritime, retraités ou
démissionnaires;

c) Les inspecteurs adjoints des eaux et forêts ayant accompli,
avant leur nomination, un stage non soldé de quinze jours, dans
une sous-intendance, avec l'autorisation du directeur de l'intendance de la région ;

d) Les fonctionnaires, visés à l'article 7, déjà pourvus, dans
la réserve ou dans l'armée territoriale, soit du grade de lieutenant ou d'officier d'administration de 2ᵉ classe des services
d'état-major et du recrutement, de l'artillerie, du génie, de l'intendance et de santé, au moins depuis six ans, soit du grade de
capitaine ou d'officier d'administration de 1ʳᵉ classe des mêmes
services ;

3º *Par voie de passage dans le cadre auxiliaire*, parmi les capitaines et les officiers d'administration de 1re classe des services d'état-major et du recrutement, de l'artillerie, du génie, de l'intendance et de santé, au moment où ils quittent l'armée active par retraite ou démission, et parmi les titulaires des mêmes grades, dans la réserve ou dans l'armée territoriale. Les uns et les autres doivent être agréés par le directeur de l'intendance de la région, qui les convoque et les examine à cet effet ; la proposition dont ils peuvent être l'objet et qui reste subordonnée aux notes obtenues, aux points de vue des aptitudes physique et professionnelle et de l'aptitude à l'équitation, est adressée au Ministre, appuyée desdites notes, aussitôt après l'examen.

Art. 6. Les sous-intendants militaires se recrutent :

1° *Par voie d'avancement*, parmi les adjoints à l'intendance ;

2° *Par voie de nomination sans examen préalable*, parmi :

a) Les sous-intendants militaires retraités (troupes métropolitaines et coloniales qui peuvent recevoir un emploi du grade dont ils étaient pourvus dans l'armée active, ou un emploi du grade supérieur, mais seulement dans l'armée territoriale, s'ils ont été proposés à cet effet à leur départ de l'armée active ;

b) Les sous-intendants militaires de l'armée active des mêmes troupes, démissionnaires ;

c) Les officiers du commissariat de la marine et les administrateurs de l'inscription maritime, retraités ou démissionnaires, qui sont nommés :

Les commissaires principaux de la marine et les administrateurs principaux de l'inscription maritime, au grade de sous-intendant de 3e classe ;

Les commissaires en chef de 2e classe de la marine et les administrateurs en chef de 1re classe de l'inscription maritime, au grade de sous-intendant de 2e classe ;

Les commissaires en chef de 1re classe de la marine et les administrateurs en chef de 1re classe de l'inscription maritime, au grade de sous-intendant de 1re classe.

d) Les inspecteurs des eaux et forêts, qui sont nommés au grade de sous-intendant militaire de 3e classe, après avoir accompli un stage non soldé de quinze jours, dans une sous-intendance, avec l'autorisation du directeur de l'intendance de la région ;

e) Les fonctionnaires, visés à l'article 7, déjà pourvus d'un grade d'officier supérieur dans la réserve ou dans l'armée territoriale, qui sont nommés, dans l'intendance, au grade correspondant ;

3° Par voie de passage dans le cadre auxiliaire, parmi :

a) Les chefs de bataillon et d'escadron et les officiers principaux des services d'état-major et de recrutement, de l'artillerie, du génie, de l'intendance et de santé, au moment où ils quittent l'armée active par retraite ou démission ;

b) Les titulaires des mêmes grades dans la réserve ou dans l'armée territoriale ;

c) Les capitaines et les officiers d'administration de 1re classe des services précités, ayant passé six ans avec leur grade dans l'armée active avant de la quitter par retraite ou démission.

Les uns et les autres sont examinés et agréés par le directeur de l'intendance de la région, ainsi qu'il est dit à l'article 5.

Art. 7. Les candidats, visés aux articles 3, 4, 5 et 6 comme pouvant être admis sans examen préalable, doivent occuper ou avoir occupé l'une des fonctions suivantes :

Membres du Conseil d'Etat ;

Membres de la Cour des Comptes ;

Sous-préfets et secrétaires généraux de préfecture ;

Conseillers de préfecture ;

Employés supérieurs des diverses administrations centrales, depuis le grade de sous-chef de bureau jusqu'à celui de chef de division ou sous-directeur.

Professeurs départementaux d'agriculture signalés comme susceptibles d'être employés utilement dans le service du ravitaillement.

Art. 8. Les fonctionnaires de l'intendance, retraités ou démissionnaires, sont pourvus d'emplois dans le cadre auxiliaire, de préférence à tous les autres candidats.

Pour ces derniers et pour chaque grade, il est établi deux tours de nomination : le premier tour revient à l'avancement, le second au recrutement.

Sont nommés au deuxième tour (recrutement), dans l'ordre indiqué ci-après, les candidats proposés, en vertu des articles 4, 5 et 6 ci-dessus, pour le grade de :

ATTACHÉ DE 1re CLASSE. (Article 4.)	ADJOINT À L'INTENDANCE. (Article 5.)	SOUS-INTENDANT DE 3e CLASSE. (Article 6)
1° Les fonctionnaires visés à l'article 7 ;	1° Les fonctionnaires visés à l'article 7 ;	1° Les fonctionnaires visés à l'article 7 ;
2° Les lieutenants de réserve ou de l'armée territoriale ;	2° Les inspecteurs adjoints des eaux et forêts ;	2° Les inspecteurs des eaux et forêts ;
3° Les attachés et fonctionnaires de l'intendance des troupes coloniales, commissaires de la marine et administrateurs de l'inscription maritime;	3° Les capitaines provenant de l'armée active ;	3° Les chefs de bataillon ou d'escadron provenant de l'armée active ;
4° Les officiers d'administration de 2e classe de réserve ou de l'armée territoriale.	4° Les capitaines de réserve ou de l'armée territoriale ;	4° Les chefs de bataillon ou d'escadron de la réserve ou de l'armée territoriale ;
	5° Les fonctionnaires de l'intendance des troupes coloniales, commissaires de la marine et administrateurs de l'inscription maritime;	5° Les fonctionnaires de l'intendance des troupes coloniales, commissaires de la marine et administrateurs de l'inscription maritime;
	6° Les officiers d'administration de 1re classe provenant de l'armée active;	6° Les officiers d'administration principaux provenant de l'armée active;
	7° Les officiers d'administration de 1re classe de réserve ou de l'armée territoriale.	7° Les officiers d'administration principaux de la réserve ou de l'armée territoriale;
		8° Les capitaines provenant de l'armée active ;
		9° Les officiers d'administration de 1re classe provenant de l'armée active.

Art. 9. Les ingénieurs des ponts et chaussées et les ingénieurs des mines peuvent être chargés, en temps de guerre, de fonctions dans le service de l'intendance, dans les conditions déterminées par le décret du 12 juillet 1890.

Art. 10. Les fonctionnaires de l'intendance ou du cadre auxiliaire, anciens élèves de l'École forestière, doivent, en raison de l'engagement volontaire par eux contracté, compter leurs services militaires à dater du 1er octobre de l'année de leur admission à ladite école ; pour ceux qui provenaient de l'École polytechnique, les services partent du 1er octobre de l'année de leur entrée à cette dernière école.

Art. 11. Les fonctionnaires de l'intendance et les officiers en retraite, dégagés de toute obligation militaire, peuvent demander leur réintégration ou leur nomination dans le cadre auxiliaire de l'intendance (avec le grade correspondant à celui qu'ils possédaient au moment de leur libération définitive de tout service), pour être affectés, en temps de guerre, à une sous-intendance territoriale établie dans une place déterminée par eux et située à proximité de leur résidence. Ces fonctionnaires, qui ne sont l'objet d'aucun changement d'affectation et n'accomplissent pas de période d'instruction, sont seulement tenus de se mettre en rapport suivi avec le fonctionnaire chargé, en temps de paix, de la sous-intendance à laquelle ils sont affectés.

Art. 12. Les demandes d'admission dans le cadre auxiliaire sont adressées :

1° Au directeur de l'intendance de la région de la résidence :

a) Par les sous-officiers réservistes ou territoriaux provenant des anciens sous-officiers de l'armée active et comptant au moins deux ans de grade, soit dans l'armée active, soit dans les réserves (1), ou pourvus du grade d'adjudant, et les anciens engagés conditionnels (intermédiaire : général commandant la subdivision de la résidence);

Les demandes des candidats de cette catégorie doivent être accompagnées d'un extrait de l'acte de naissance sur papier libre, et le général commandant la subdivision y joint un extrait du casier judiciaire;

b) Par les officiers de l'armée active en instance de retraite ou de démission (intermédiaire : chef de corps ou de service) ;

c) Par les officiers de réserve et de l'armée territoriale (intermédiaire : chef de corps ou directeur du service d'affectation);

d) Par les fonctionnaires et les officiers dégagés de toute obligation militaire (directement).

Pour les candidats visés aux paragraphes b) et c) ci-dessus, à l'exception des officiers d'administration du service de l'intendance, les demandes sont soumises, avant tout examen, à l'acceptation du Ministre;

2° Au Ministre de la guerre (5° Direction) :

e) Par les attachés et fonctionnaires de l'intendance des troupes coloniales, les officiers du commissariat de la marine et les

---

(1) Ou au moins une année d'ancienneté de grade au moment du dépôt de la demande.

administrateurs de l'inscription maritime, retraités ou démissionnaires. Intermédiaire : Ministre de la marine pour les commissaires de la marine et les administrateurs de l'inscription maritime, et directement pour les autres;

f) Par les officiers du corps des chasseurs forestiers (intermédiaire : Ministre de l'agriculture).

Les demandes des candidats de ces deux dernières catégories doivent être accompagnées d'un extrait de l'acte de naissance sur papier libre et d'une copie certifiée de l'état des services. Les agents des eaux et forêts produisent, en outre, un certificat délivré par le directeur de l'intendance qui a autorisé l'accomplissement du stage préalable (art. 5 et 6) et constatant les résultats de ce stage.

Art. 13. Les demandes des candidats pouvant être admis sans examen préalable sont transmises, à toute époque de l'année, au Ministre (5ᵉ Direction), par la voie hiérarchique, avec un rapport particulier (modèle n° 6 de la présente instruction, dispositions générales) ou un mémoire de proposition (modèle n° 2), suivant le cas.

Les demandes d'admission au concours pour le grade d'attaché de 1ʳᵉ classe ou de 2ᵉ classe doivent parvenir au directeur de l'intendance avant le 15 octobre. Elles sont soumises au Ministre avant le 15 novembre pour les candidats déjà pourvus du grade d'officier.

Art. 14. Le concours pour l'admission aux grades d'attaché a lieu annuellement à Paris, à Lyon et au chef-lieu de chaque région de corps d'armée ou division, en Algérie et en Tunisie; les épreuves commencent le troisième lundi du mois de février.

Les connaissances exigées des candidats sont indiquées au programme n° 1, annexé à la présente instruction.

Les candidats admis à concourir reçoivent du directeur de l'intendance des ordres de convocation qui leur servent de titres pour obtenir le tarif militaire sur les chemins de fer, mais ne leur ouvrent aucun droit à une solde ou à une indemnité quelconque. Cette disposition s'applique également aux candidats visés aux articles 5 et 6 (3°).

Art. 15 (1). Les épreuves du concours aux grades d'attaché sont subies devant une commission présidée par le directeur de

---

(1) Modifié par la circulaire du 19 novembre 1909 (*B. O.*, P. R., p. 1887).

l'intendance de la région et composée d'un colonel ou d'un lieutenant-colonel et d'un sous-intendant militaire, désignés par le gouverneur militaire, le général commandant le corps d'armée ou la division en Algérie et en Tunisie.

Les épreuves comprennent :

1° Une épreuve d'équitation, qui est éliminatoire ;

2° Une composition écrite (portant sur les diverses parties du programme), dont le sujet est adressé aux commissions d'examen par le comité technique de l'intendance ;

3° Un examen oral ;

4° Un examen facultatif sur la connaissance de la langue allemande ou de toute autre langue étrangère.

Pour l'appréciation des candidats, il est attribué des notes distinctes :

1° A l'équitation ;
2° A la composition écrite ;
3° A l'examen oral ;
4° A l'examen d'allemand ;
5° A l'examen d'autres langues ;
6° A l'aptitude générale.

L'échelle de notation est la suivante :

Nul. . . . . 0.
Très mal. . . . . 1, 2.
Mal. . . . . 3, 4, 5.
Faible. . . . . 6, 7, 8.
Passable. . . . . 9, 10, 11.
Assez bien. . . . . 12, 13, 14.
Bien. . . . . 15, 16, 17.
Très bien. . . . . 18, 19.
Parfait. . . . . 20.

Le nombre de points, applicable à chaque épreuve, résulte du produit obtenu en multipliant les notes respectivement par les coefficients indiqués ci-après :

Equitation. 8
Composition écrite. 30
Examen oral 20

Allemand. 5
Autre langue étrangère. 1
Aptitude physique et morale.............. 5

Toutefois, les épreuves sur les langues étrangères n'entrent pas en ligne de compte, si la note obtenue est inférieure à 9.

La composition écrite est éliminatoire pour les candidats qui n'ont pas obtenu au moins la note 12.

Chaque période d'instruction, accomplie comme sous-officier ou comme officier, donne droit, respectivement, à une majoration de 10 ou de 20 points.

Le diplôme de licencié en droit est compté pour 50 points; celui de docteur en droit est compté pour 75 points.

L'épreuve d'équitation est subie avant toutes les autres; les candidats qui n'y ont pas obtenu, au moins, la note 8, ne sont pas admis à poursuivre le concours.

Seuls sont déclarés admissibles les candidats ayant réuni, au minimum, pour l'ensemble des épreuves, 900 points, y compris ceux obtenus en équitation et en langues étrangères et ceux provenant des majorations attribuées aux diplômes en droit et aux périodes d'instruction.

Art. 16. Les commissions locales apprécient les résultats de l'examen oral et de l'épreuve d'équitation ainsi que l'aptitude physique et morale.

Elles établissent deux classements distincts :

1° Pour le grade d'attaché de 2ᵉ classe :

2° Pour le grade d'attaché de 1ʳᵉ classe.

Dans les quinze jours qui suivent le concours, leur travail est adressé au Ministre (5ᵉ Direction), avec un procès-verbal pour chacun des grades d'attaché (modèles nᵒˢ 1 et 2), auquel sont annexées, dans une chemise (modèle n° 3), les pièces des candidats. Le cas échéant, le Ministre est informé, sous le timbre de la même direction, que les épreuves du concours n'ont pas eu lieu, faute de candidats.

Le soin d'apprécier les compositions écrites et les services antérieurs est réservé au comité technique de l'intendance, qui applique le coefficient, réservé à l'aptitude générale, à la moyenne des notes données à l'aptitude physique et morale et aux services antérieurs.

Le comité établit pour chaque grade et soumet au Ministre la liste des candidats par ordre de mérite d'après le total des points obtenus.

Le Ministre arrête les listes définitives d'aptitude et fait notifier les résultats du concours aux intéressés, par l'intermédiaire des présidents des commissions d'examen.

Les candidats sont nommés au fur et à mesure des besoins, et dans les conditions indiquées à l'article 8.

CHAPITRE II.

OFFICIERS D'ADMINISTRATION.

Art. 17. Les officiers d'administration se recrutent :

1° *Sans examen préalable*, parmi :

a) Les officiers d'administration du service de l'intendance, retraités, qui peuvent recevoir un emploi du grade dont ils étaient pourvus dans l'armée active, ou un emploi du grade supérieur, mais seulement dans l'armée territoriale, s'ils ont été proposés à cet effet à leur départ de l'armée active ;

b) Les officiers d'administration de l'armée active, du même service, démissionnaires, qui peuvent, sur leur demande, être nommés à leur ancien grade ;

c) Les sous-officiers retraités provenant des sections de commis et ouvriers militaires d'administration.

2° Parmi les élèves officiers d'administration de réserve nommés en vertu des dispositions de l'article 24 de la loi du 21 mars 1905 ;

3° *Après un examen d'aptitude*, parmi :

d) Les sous-lieutenants et les officiers d'administration de 3° classe du service de santé, appartenant à la réserve ou à l'armée territoriale ;

e) Les sous-officiers réservistes ou territoriaux, autres que ceux visés à l'alinéa *c)* du paragraphe 1er, provenant des anciens sous-officiers de l'armée active et comptant au moins deux ans de grade, soit dans l'armée active, soit dans les réserves, ainsi que les adjudants de réserve ou territoriaux ayant servi avec le grade de caporal dans l'armée active;

f) Les anciens engagés conditionnels ayant servi avec le grade de caporal dans l'armée active.

Les candidats qui n'ont pas à subir d'examen sont nommés avant ceux qui sont assujettis à l'examen d'aptitude.

Art. 18. Les candidats, astreints à l'examen d'aptitude, sauf ceux qui proviennent des sections de commis et ouvriers militaires d'administration, doivent exercer l'une des professions suivantes :

Bureaux de l'intendance. — Notaire, avoué, banquier, agent de change, courtier, commissionnaire, agent d'assurances, comptable, caissier et autres professions marquant l'aptitude aux travaux de rédaction et de comptabilité.

Subsistances. — Négociant en grains, farines, fourrages, vins, denrées alimentaires, combustibles ; agriculteur, meunier, minotier, boulanger, éleveur ou marchand de bestiaux, mécanicien, constructeur, ajusteur, entrepreneur de transports et autres professions pouvant être utilisées dans les subsistances militaires.

Habillement et campement. — Manufacturier ou négociant en tissus, vêtements, cuirs, chaussures, équipement de chasse ou de voyage, ferblanterie, sellerie et autres professions pouvant être utilisées dans l'habillement, le campement et l'équipement militaires.

Art. 19. On procède, chaque année, dans les sections de commis et ouvriers militaires d'administration, suivant les prescriptions des articles 8 et 12 de la présente instruction (dispositions générales) pour désigner les sous-officiers aptes à l'emploi d'officier d'administration de 3ᵉ classe du cadre auxiliaire.

Art. 20. Les demandes des candidats, libérés du service actif, qui désirent obtenir le certificat d'aptitude sont adressées avant le 1ᵉʳ mars, terme de rigueur, au directeur de l'intendance de la région de leur résidence, par l'intermédiaire du général commandant la subdivision, en ce qui concerne les sous-officiers et les anciens engagés conditionnels d'un an, et par l'intermédiaire du chef de corps ou directeur du service d'affectation, pour les officiers.

Les demandes des sous-officiers, autres que ceux visés au paragraphe c) de l'article 17, et des anciens engagés conditionnels d'un an doivent être accompagnées des pièces visées au deuxième alinéa du paragraphe a) de l'article 12 et, pour ceux ne provenant pas des sections de commis et ouvriers militaires d'administration, d'un certificat de l'autorité civile, constatant qu'ils exercent l'une des professions exigées. Les candidats, pourvus du grade de sous-lieutenant ou d'officier d'administration de 3ᵉ classe du service de santé, produisent seulement le certificat visé ci-dessus, avec une offre de démission conditionnelle établie dans la forme prescrite à l'article 79 de la présente instruction (dispositions générales).

La candidature de ceux qui sont déjà pourvus d'un grade d'officier dans la réserve ou dans l'armée territoriale est soumise, avant le 1ᵉʳ avril, à l'acceptation du Ministre (5ᵉ Direction).

Art. 21. L'aptitude au grade d'officier d'administration de 3ᵉ classe, pour les candidats autres que les élèves officiers d'administration de réserve, est constatée par une commission composée d'un sous-intendant militaire et de deux officiers d'administration du cadre actif, désignés par le directeur de l'intendance, et fonctionnant à la portion centrale de la section. Exceptionnellement, une commission spéciale est constituée à Bastia pour les candidats qui résident en Corse.

Les sous-officiers provenant des sections de commis et ouvriers militaires d'administration et non encore pourvus du certificat d'aptitude subissent les épreuves au moment des périodes d'exercice ; les autres sous-officiers, les anciens engagés conditionnels et les officiers de réserve et de l'armée territoriale sont convoqués à l'époque des examens d'aptitude des hommes des sections de commis et ouvriers militaires d'administration, libérables dans l'année, c'est-à-dire dans le mois qui précède la libération de la classe.

Les dispositions du troisième paragraphe de l'article 14 sont applicables aux candidats au grade d'officier d'administration de 3° classe.

Art. 22. L'examen porte sur les connaissances indiquées dans le programme n° 2, annexé à la présente instruction. Il comprend :

1° Une composition écrite sur la première partie du programme ;

2° Un examen oral portant exclusivement sur la deuxième partie et sur les connaissances afférentes à la section du service de l'intendance dans laquelle le candidat désire entrer et en rapport avec sa profession.

Le certificat d'aptitude est délivré par le sous-intendant président de la commission d'examen ; il est accepté et visé comme il est dit à l'article 8 de la présente instruction (dispositions générales).

CHAPITRE III.

ADJUDANTS.

Art. 23. Le cadre auxiliaire du service de l'intendance est complété, pour le temps de guerre, par des adjudants de réserve et de l'armée territoriale, qui se recrutent, par voie d'examen, dans les sections de commis et ouvriers militaires d'administration, dans les conditions déterminées aux articles 15, 16 et 17 de la présente instruction (dispositions générales).

Sont admis à subir les examens pour l'obtention du certificat d'aptitude à l'emploi d'adjudant, les sous-officiers libérables non susceptibles de concourir pour le grade d'officier d'administration et les mieux notés au point de vue de la conduite, de la tenue, de l'aptitude au commandement, ainsi qu'au point de vue des connaissances pratiques acquises pendant la durée de leur service actif.

Les examens ont lieu, dans le courant du mois qui précède le renvoi de la classe, devant la commission prévue à l'article 21; les conditions en sont indiquées au programme n° 3 annexé à la présente instruction.

Pour l'appréciation des candidats, la commission tient le plus large compte des notes antérieures ainsi que des services rendus.

Les examens peuvent encore être subis, au moment d'une période d'exercice, par les sous-officiers qui n'ont pas été pourvus du certificat d'aptitude avant de quitter l'armée active.

Les sous-officiers, pourvus du certificat d'aptitude, sont inscrits. pour chacune des sections du service de l'intendance, par ordre de mérite, sur la liste d'aptitude à l'emploi d'adjudant du cadre auxiliaire.

Le directeur de l'intendance nomme, dans l'ordre de la liste, aux emplois devenus vacants dans les services dont il a à assurer la mobilisation. Ces nominations ne sont faites qu'à la suite des périodes d'exercice (modèle n° 4, annexé aux dispositions spéciales à l'intendance de la présente instruction).

Le directeur de l'intendance tient le contrôle des adjudants domiciliés dans la région et des sergents classés pour l'emploi. Ce contrôle, pour chaque section du service de l'intendance, est distinct pour la réserve et pour l'armée territoriale ; les sous-officiers y sont inscrits par classe de mobilisation.

Chaque région doit, en principe, pourvoir, à l'aide de ses ressources, au recrutement du nombre d'adjudants correspondant aux fixations déterminées par le Ministre.

En cas d'insuffisance dans une région, le Ministre désigne la région appelée à fournir le complément ; la commission d'adjudant est alors délivrée par le directeur de l'intendance de la région du domicile, qui reste chargé de mobiliser ce personnel et de le mettre en route pour sa destination.

Art. 23 *bis. Temps de guerre.* — En temps de guerre, les nominations aux emplois d'adjudant du cadre auxiliaire de l'intendance devenus vacants sont faites dans les détachements des sections de C. O. A. :

1° D'une armée et des étapes : par l'intendant de l'armée;

2° D'un corps d'armée : par l'intendant du corps d'armée;

3° D'une division de cavalerie ou d'une division d'infanterie de réserve ou de territoriale isolée : par le sous-intendant chef de service;

4° D'une station-magasin, qu'elle fonctionne dans la zone de l'intérieur ou dans la zone des armées : par le sous-intendant militaire, chef de service.

Les nominations sont faites jusqu'à concurrence des effectifs fixés par les tableaux d'effectifs de guerre et par les tableaux d'emploi des sections de C. O. A.

Chaque détachement doit, en principe, pourvoir, à l'aide de ses ressources, au recrutement du nombre d'adjudants nécessaires.

En cas d'insuffisance, le Ministre désignera la région ou le détachement destiné à fournir le complément.

TITRE III.

Instruction

Art. 24. Les ordres de convocation pour les périodes d'instruction sont adressés par le directeur de l'intendance.

Art. 25. Les fonctionnaires, les attachés et les officiers d'administration, affectés à des formations désignées pour prendre part à des manœuvres, sont appelés à suivre ces manœuvres, à moins qu'ils n'aient déjà été convoqués l'année précédente.

A cet effet, aussitôt que les dispositions ministérielles relatives aux manœuvres ont été notifiées, le directeur de l'intendance fait connaître au Ministre (5ᵉ Direction, 1ᵉʳ Bureau), dans un état (modèle n° 5 ci-annexé), le montant détaillé des crédits nécessaires pour la convocation des fonctionnaires, des attachés et des officiers d'administration.

En attendant la notification des crédits mis à sa disposition, le directeur de l'intendance peut adresser des convocations pour des périodes d'instruction, sans toutefois que la proportion des dépenses à engager de ce chef dépasse le tiers du montant des crédits alloués, l'année précédente, pour les périodes normales d'instruction, à l'exclusion des crédits spéciaux aux manœuvres.

Dans les régions où l'on fabrique des conserves de viande, des officiers d'administration du cadre auxiliaire (subsistances) doivent être convoqués, à défaut d'officiers d'administration du cadre d'activité. Il est tenu compte de ces besoins dans la demande annuelle de crédits.

Les fonctionnaires et les officiers d'administration du cadre auxiliaire appelés à exercer, à la mobilisation, les fonctions de chef de service dans une sous-intendance ou dans un établissement du territoire font leur période d'instruction dans cette sous-intendance ou cet établissement.

La convocation des fonctionnaires est prévue, de préférence, pour l'époque où le sous-intendant du cadre actif, titulaire de la sous-intendance, doit s'absenter (Conseil de revision, manœuvres, etc.).

Tous les officiers d'administration du cadre auxiliaire, affectés aux stations haltes-repas, sont appelés à l'époque des expériences qui se font dans lesdites stations. Ces convocations spéciales étant considérées comme services effectifs, leur durée est déduite de celle de la période normale d'instruction.

Les fonctionnaires, les attachés et les officiers d'administration non appelés à exercer, à la mobilisation, les fonctions de chef de service ou qui ne doivent pas prendre part aux manœuvres sont convoqués, autant que possible, au chef-lieu du corps d'armée ou de la division et répartis dans les sous-intendances et les établissements, pour y participer à l'exécution générale du service. Ils assistent, en outre, à des séances d'instruction théorique et pratique.

Art. 26. Les fonctionnaires affectés à des sous-intendances territoriales font partie du comité de ravitaillement du département dans lequel ils résident. Il est tenu compte de leur assiduité aux séances de ce comité pour les propositions qui peuvent être établies en leur faveur. A cet effet, le relevé de notes de ces fonctionnaires relate :

1° Le nombre de séances tenues par le comité (au 1er mai au 30 avril suivant);

2° Le nombre des séances auxquelles ils ont assisté.

Cette mention est portée, à la diligence du directeur de l'intendance de la région où réside l'intéressé, dans la première partie du relevé de notes.

Les préfets sont informés, par les soins du Ministre, du nom des fonctionnaires résidant dans leur département, qu'il y a lieu de convoquer aux séances du comité.

Les mêmes indications sont fournies aux directeurs de l'intendance pour les fonctionnaires résidant dans leur région et affectés à une autre région.

Pour ceux de ces fonctionnaires qui ne résident pas au chef-lieu du département, le préfet établit les convocations, mais les remet au sous-intendant du cadre actif, membre du comité. Celui-ci remplit les formalités prévues par l'instruction du 11 décembre 1903 (dispositions particulières) (É. M., vol. n° 100³, p. 125) pour faire obtenir une réduction de tarif sur les voies ferrées au fonctionnaire du cadre auxiliaire, auquel il fait parvenir simultanément la convocation et le bon de réduction. Cette convocation ne donne droit à aucune allocation.

Lorsque, dans un département où est organisée une conférence aux présidents des commissions de réception du ravitaillement, la sous-intendance à qui incomberait le service du ravitaillement doit être dirigée par un fonctionnaire ne provenant pas du cadre actif, ce fonctionnaire est appelé à collaborer à la préparation de la conférence et à y assister, à moins que des circonstances particulières (obligations d'un emploi civil, convocation antérieure trop récente, etc.) ne s'y opposent.

Les directeurs de l'intendance réservent, pour ces convocations spéciales dont, par raison d'économie, la durée est réduite au nombre de jours strictement indispensable, une portion des crédits mis à leur disposition pour les appels du personnel du cadre auxiliaire.

Les ingénieurs des ponts et chaussées ou des mines, pourvus de fonctions dans le service de l'intendance, sont invités à assister aux conférences faites aux présidents des commissions mixtes de réception du ravitaillement, lorsque ces conférences ont lieu dans leur résidence.

Art. 27. Pour leur permettre de se familiariser avec l'organisation et la pratique du service du ravitaillement auquel ils pourront avoir à participer en temps de guerre, les fonctionnaires de l'intendance du cadre auxiliaire peuvent assister, dans les conditions suivantes, aux conférences et aux exercices de ravitaillement, qui ont lieu, chaque année, sur divers points du territoire.

Cette faculté est limitée aux fonctionnaires résidant dans la région où les conférences et exercices ont lieu, et à ceux résidant dans le gouvernement de Paris, lorsqu'il s'agit d'exercices effectués dans les régions limitrophes.

Au reçu de la décision du Ministre prescrivant un exercice de ravitaillement, le directeur de l'intendance de la région, sur le territoire de laquelle l'exercice doit avoir lieu, demande au général commandant le corps d'armée, ainsi qu'au gouverneur de Paris s'il s'agit d'un corps d'armée limitrophe, l'état des fonctionnaires y résidant ; puis il adresse à ceux-ci une note les avisant de la date et du lieu de l'exercice et les invite à faire connaître s'ils désirent y assister. Cette note spécifie : 1° que l'acquiescement est facultatif ; 2° que le déplacement, qui sera seulement porté pour mémoire sur l'état des services, ne donne droit à aucune allocation de solde ou indemnité de route, ni à aucune réduction sur la durée des périodes d'instruction.

Dans le cas de réponse affirmative, le directeur de l'intendance adresse à l'intéressé un ordre de convocation lui donnant droit au tarif militaire sur les voies ferrées et l'invitant à se présenter, en tenue, porteur dudit ordre.

Le sous-intendant, chargé de la conférence, établit, à l'issue des opérations, des états, distincts par région d'affectation, des fonctionnaires qui ont assisté à l'exercice ou à la conférence.

Le directeur de l'intendance, signataire des convocations, transmet aux directeurs de l'intendance intéressés les états précités pour servir à la tenue des états de services.

PROGRAMMES

PROGRAMME N° 1.

Connaissances exigées des candidats au concours pour l'admission dans le cadre auxiliaire (attachés de 1re et de 2e classe).

Nota. — On insistera particulièrement sur les dispositions applicables en temps de guerre.

Loi sur l'organisation générale de l'armée.

Loi relative à la constitution des cadres et des effectifs de l'armée active et de l'armée territoriale.

Loi sur le recrutement de l'armée.

Loi sur l'état des officiers. — Décret portant règlement sur l'état des officiers de la réserve et de l'armée territoriale.

Loi sur l'administration de l'armée. — Décret portant règlement pour l'exécution de la loi sur l'administration de l'armée, en ce qui concerne le service de l'intendance. — Instructions pour l'application du décret qui précède (dispositions particulières au temps de paix et au temps de guerre).

Loi relative aux réquisitions.

Décrets portant règlement sur le service dans les places de guerre et les villes ouvertes et sur le service des armées en campagne (dispositions intéressant le service de l'intendance).

Décrets sur les adjudications et marchés passés au nom de l'État.

Instruction sur le service des subsistances en campagne.

Instruction sur l'alimentation dans les centres de mobilisation.

Instruction sur l'alimentation en campagne.

Instruction sur les boulangeries de campagne.

Instruction sur l'alimentation et le ravitaillement en viande des troupes en campagne.

Instruction concernant les officiers d'approvisionnement

Décret portant organisation générale des services de l'arrière aux armées et règlement sur les transports stratégiques par chemins de fer (dispositions concernant le service de ravitaillement et les transports du matériel militaire sans troupe).

Instruction sur le service des étapes et annexe IV à ladite instruction (dispositions intéressant le service de l'intendance).

Instruction relative au commandement et à l'administration des détachements d'ouvriers militaires d'administration, aux armées en campagne.

Notions de topographie.

Lecture des cartes. — Reconnaissance des localités au point de vue du service de l'intendance.

PROGRAMME Nº 2.

Connaissances exigées des candidats à l'admission dans le cadre auxiliaire (officiers d'administration).

PREMIÈRE PARTIE.

CONNAISSANCES COMMUNES AUX TROIS SECTIONS DU SERVICE DE L'INTENDANCE.

Loi relative à l'organisation générale de l'armée.

Loi sur l'administration de l'armée, décret pour l'application de la loi, instruction pour l'application du décret (principes généraux de l'administration de l'armée, attributions générales des fonctionnaires de l'intendance, attributions particulières des officiers d'administration).

Décret portant règlement sur le service intérieur des troupes d'infanterie (principes généraux de la subordination, chapitres 36, 38, 43 à 56, 59 et 60).

Décret portant règlement sur le service dans les places de guerre et les villes ouvertes (chapitres 7, 17, 26, 30 et 40).

Règlements sur la comptabilité des dépenses et sur la comptabilité des matières du Département de la guerre (principes généraux)

Décret portant règlement sur l'état des officiers de réserve et des officiers de l'armée territoriale.

DEUXIEME PARTIE.

CONNAISSANCES PARTICULIÈRES A CHAQUE SECTION.

I. — Bureaux de l'intendance.

Bureaux de l'intendance. — Instruction sur le classement des affaires et des archives dans le service de l'intendance. Registres à tenir dans une sous-intendance.

Fonds et comptabilité générale. — Décrets et règlements sur la comptabilité publique, sur la comptabilité de la guerre et sur les marchés.

Comptabilité-matières. — Règlement sur la comptabilité-matières (dispositions générales).

Solde. — Règlement sur le service de la solde (principes généraux).

Administration intérieure des corps de troupes. — Notions générales sur l'administration intérieure des troupes.

Services des frais de déplacement, des transports et des convois. — Décrets sur les frais de déplacement. Règlement sur les transports militaires et traité pour leur exécution. Règlement sur les convois.

II. — Subsistances.

---

a) Connaissances communes à toutes les professions.

Instruction sur le service des subsistances en temps de paix (Principes généraux).
Instruction sur le service des subsistances en campagne.
Instruction sur l'alimentation en campagne.
Instruction concernant les officiers d'approvisionnement.
Instruction sur l'alimentation pendant les transports en chemin de fer (organisation et fonctionnement des haltes-repas).

b) Connaissances particulières à chaque profession.

1° *Commerce de la boulangerie.* — Règlement sur l'organisation, le rôle et l'emploi des boulangeries de campagne et instruction sur leur fonctionnement technique.
Notice n° 6 du service des subsistances sur les farines.

Notice n° 7 du service des subsistances sur la fabrication du pain ordinaire et du pain biscuité.

Notice n° 9 du service des subsistances sur la fabrication du pain de guerre.

2° *Commerce de la boucherie.* — Instruction sur l'alimentation et le ravitaillement en viande des troupes en campagne.

Notice n° 12 du service des subsistances sur les viandes de boucherie.

Notice n° 13 du service des subsistances sur les conserves de viande (chapitres 1er, III et IV).

3° *Commerce de la grainerie et des denrées fourragères.* — Notice n° 5 du service des subsistances sur les blés.

Notice n° 14 du service des subsistances sur les fourrages.

4° *Meunerie et minoterie.* — Notices du service des subsistances n° 3 sur les moulins et moutures ; n° 5 sur les blés ; n° 6 sur les farines.

5° *Mécaniciens.* — Notice n° 2 du service des subsistances sur les moteurs employés dans les établissements administratifs.

6° *Commerce de l'épicerie, des vins et spiritueux.* — Notice n° 10 du service des subsistances sur les vivres de campagne ou petits vivres.

Notice n° 11 du service des subsistances sur les liquides.

7° *Commerce des bois et des houilles.* — Notice n° 15 du service des subsistances (combustibles de chauffage).

8° *Comptables.* — Les comptables sont interrogés sur les matières correspondant à la branche d'industrie ou de commerce dans laquelle ils sont employés, et non sur la comptabilité industrielle ou commerciale.

III. — Habillement et campement.

a) Connaissances communes à toutes les professions.

Organisation générale des magasins administratifs. Cahiers des charges pour la fourniture des draps, des toiles, et pour les entreprises de confection ou de fournitures d'effets du service de l'habillement des troupes métropolitaines. Instruction sur la vérification et la réception des matières et effets nécessaires pour l'exécution du service de l'habillement (partie administrative seulement, la partie technique étant comprise dans les connaissances à exiger de chaque profession).

Règlement et instruction sur le service de l'habillement dans les corps de troupes (notions générales).

Instruction sur le service de l'habillement dans les corps de troupes en temps de guerre (notions générales).

Instruction relative au fonctionnement des gares de rassemblement des stations de transition.

b) Connaissances particulières à chaque profession.

1° *Industrie et commerce des draps.* — Notions générales sur la fabrication des draps ;

Réception et vérification des étoffes de laine. Mode de fourniture. Conditions imposées aux fabricants. Surveillance des usines. Décatissage en magasin.

Métrage, pesage, épreuves dynamométriques. Epreuve des couleurs à l'aide des procédés chimiques. Signes distinctifs d'une bonne fabrication. Défauts réparables et irréparables. Evaluation des tares. Commission de vérification.

2° *Industrie et commerce des toiles.* — Notions générales sur la fabrication des toiles.

Réception et vérification des tissus. Toiles employées dans l'administration militaire. Conditions imposées aux fabricants. Mode de livraison. Surveillance des usines. Epreuves applicables aux tissus de coton. Epreuves de lessivage.

Essais dynamométriques. Emploi du compte-fils. Signes distinctifs d'une bonne fabrication. Défauts réparables et irréparables. Evaluation des tares. Conservation des toiles en magasin. Toiles d'emballage. Conditions de bonne qualité

3° *Industrie des cuirs, chaussures et effets d'équipement.* — Fabrication des cuirs : matières employées. Appareils divers. Opérations principales.

Notions générales sur la confection des chaussures : procédés de fabrication en usage. Enumération des pièces qui composent les chaussures militaires. Pointures.

Vérification des pièces séparées de chaussures avant la confection.

Vérification des chaussures terminées : emploi du palma-mètre. Défauts réparables et irréparables. Mode de fourniture des chaussures. Conditions imposées aux fabricants. Surveillance des usines. Mode d'entretien des chaussures en magasin.

Confection, vérification, réception, etc. des effets en cuir de grand équipement. Notions sommaires. Choix et emploi des matières. Coupe et confection des principaux effets. Épreuve permettant de s'assurer de la bonne condition.

4° *Industrie des métaux*. — Application des métaux à la fabrication du matériel. Fabrication des ustensiles de campement : marmites, gamelles, bidons, moulins à café ; découpage, emboutissage, agrafage, étamage, soudures.

Fabrication des accessoires en cuivre de coiffure et de grand équipement : plaques, agrafes, boucles, grenades, crochets, etc. Fabrication des casques, outils de campement : pelles, pioches, haches, serpes, masses, etc.

5° *Comptables*. — Les comptables sont interrogés sur les matières correspondant à la branche d'industrie ou de commerce dans laquelle ils sont employés, et non sur la comptabilité industrielle ou commerciale.

PROGRAMME N° 3.

Connaissances exigées des candidats à l'emploi d'adjudant d'administration du cadre auxiliaire.

Les candidats sont admis à choisir la section du service de l'intendance pour laquelle ils désirent concourir.

Les épreuves comportent un examen écrit et un examen oral.

L'examen écrit comprend pour tous les candidats sans exception :

1° Une composition sur un sujet tiré de la première partie du programme ;

2° Deux problèmes d'arithmétique : un sur les quatre règles, un sur le système métrique.

L'orthographe, l'écriture et la manière de chiffrer exercent une influence sur la note à attribuer à l'épreuve écrite.

L'examen oral porte exclusivement sur la deuxième partie du programme et sur les connaissances afférentes à la section du service dans laquelle le candidat désire entrer et en rapport avec sa profession et avec l'emploi qu'il a occupé pendant son séjour sous les drapeaux.

Le certificat d'aptitude est délivré par le sous-intendant président de la commission d'examen ; il est accepté et visé comme il est dit à l'article 8 des dispositions générales de la présente instruction.

PREMIÈRE PARTIE.

CONNAISSANCES COMMUNES AUX CANDIDATS DES TROIS SECTIONS.

I. — Principes généraux de l'organisation de l'armée.

II. — Principes généraux de la subordination.

III. — Attributions générales des fonctionnaires de l'intendance et des officiers d'administration des trois sections du service de l'intendance.

IV. — Principes généraux de la comptabilité-deniers et de la comptabilité-matières.

DEUXIEME PARTIE.

CONNAISSANCES PARTICULIÈRES A CHAQUE SECTION.

I. — Bureaux de l'intendance.

Les candidats doivent surtout faire preuve de connaissances pratiques.

1° *Bureaux de l'intendance.* — Organisation et fonctionnement. Enregistrement de la correspondance à l'arrivée et au départ. Classement des pièces d'archives. Catalogues des décisions de principe. Principaux registres : leur objet.

2° *Comptabilité générale.* — Registre de fonds : ses divisions. Demandes de fonds. Sous-délégations des crédits. Enregistrement des crédits, des ordonnancements. Comptabilité mensuelle des fonds. Etablissement d'un ordre de reversement : enregistrement du récépissé.

3° *Comptabilité-matières.* — Registres des entrées et sorties. Comptes de gestion. Principe de leur vérification.

4° *Solde.* — Vérification et arrêté des situations administratives. Principales règles d'allocation. Indemnité d'entrée en campagne. Premières mises d'équipement.

Etats de solde des officiers, de la troupe. Mandats des officiers sans troupe. Livrets de solde. Enregistrement au registre des fonds.

Enregistrement des pièces d'imputation. Destination à leur donner.

5° *Administration des corps de troupes.* — Comptabilité-deniers et matières soumises à la vérification des sous-intendants. Registre-journal des recettes et dépenses. Registre de centralisation. Registre de l'habillement. Relevés des dépenses. Principes de leur vérification.

6° *Service des frais de déplacement.* — Son objet. Registres des déplacements. Feuilles de déplacement. Autorités qui les délivrent ; sur le vu de quel titre.

Dépenses du service des frais de déplacement, indemnités diverses : règles d'allocation.

Payement des frais de déplacement dans les corps et par les sous-intendants. Mandats d'indemnité de déplacement. Barèmes.

Régularisation de la comptabilité. Relevés sommaires. Rejets.

7° *Service des transports.* — Son objet. Transports particuliers. Transports ordinaires. Vitesses prévues. Pièces à établir pour l'exécution d'un transport. Ordre de transport. Avis d'expédition et lettre de voiture. Registre H. Formalités au départ. Formalités à l'arrivée. Pertes et avaries.

II. — Subsistances.

Les candidats doivent avoir des connaissances générales sur toutes les parties du service et faire preuve, en outre, de connaissances spéciales pratiques en rapport avec leur profession et avec l'emploi qu'ils ont occupé pendant leur séjour sous les drapeaux. Des échantillons de denrées peuvent leur être présentés; ils ont à les apprécier.

a) Connaissances communes à toutes les professions.

1° Instruction du 29 septembre 1888, relative au commandement et à l'administration des détachements d'ouvriers militaires d'administration, aux armées en campagne.

2° Principaux détachements fournis par les sections de commis et ouvriers militaires d'administration, à la mobilisation.

3° Notions générales sur le fonctionnement du service des subsistances, en temps de paix et en temps de guerre, comprenant : la connaissance générale de la qualité des denrées, de leur mode d'emmagasinement et d'entretien, des manœuvres de conservation.

L'exécution du service des transports, des réceptions et des distributions de denrées.

L'administration d'un détachement au point de vue de l'ordinaire et du prêt.

4° Notions générales sur le matériel en usage dans le service des subsistances en campagne.

Montage et démontage des tentes ; installation des fours portatifs.

b) Connaissances pratiques particulières à chaque profession ou emploi spécial

1° *Boulangers.* — Caractères et entretien des diverses farines.

Fabrication du pain ordinaire et du pain biscuité.

Conduite de la fabrication d'une fournée de pain, jusques et y compris l'établissement du rendement. Proportion de chaque élément à employer. Raisonner les diverses opérations : levains, pétrissage, pâtons, apprêt, enfournement, cuisson, défournement, ressuage.

Chauffage des fours. Divers modes. Essences de bois à préférer. Température du four au moment de l'enfournement. Moyen de reconnaître si le four est assez chaud.

Transport du pain en chemin de fer, par voitures. Durée de conservation.

Notions sur le matériel des boulangeries de campagne.

2° *Bouchers.* — Moyens de reconnaître le poids et la qualité des bêtes sur pied. Installation d'un parc à bestiaux. Conduite d'un troupeau. Rendement en viande distribuable des bœufs, vaches, veaux, moutons, porcs.

Qualité de la viande fraîche abattue.

Divers instruments employés pour l'abatage des bestiaux et la distribution de la viande.

Indiquer les diverses phases de l'abatage d'un bœuf, ainsi que la manière dont il doit être découpé, en nommant les morceaux dont il se compose.

3° *Grains et fourrages.* — Blé. Avoine. Foin. Paille.

Caractères d'une bonne denrée. Poids spécifique des grains. Mode de conservation. Altérations. Moyens de combattre les insectes qui attaquent les grains. Appareils en usage pour les distributions.

4° *Meuniers.* — Diverses parties d'un moulin à meules, à cylindres. Différences entre ces deux moutures : leur conduite. Qualité des produits obtenus : farines et sons.

Notions générales sur les divers moteurs qui actionnent les moulins.

5° *Mécaniciens.* — Notions générales sur les machines, leur conduite et les réparations courantes.

Le candidat est questionné sur les machines qu'il a été appelé à faire fonctionner.

6° *Epicerie, vins, spiritueux.* — Signes distinctifs du **riz,** des légumes secs, du sel, du sucre, du café vert de bonne qualité. Altérations. Conservation.

Décrire et, au besoin, diriger une opération de torréfaction de café vert.

Caractères d'un bon vin. Falsifications et altérations. Soins à donner aux vins.

Caractère d'un alcool de bonne qualité. Logement. Moyens de conservation. Transformation de l'alcool en eau-de-vie distribuable.

Matériel en usage pour assurer les distributions.

7° *Conserves et salaisons.* — Caractères distinctifs. Conservation. Mode de distribution.

8° *Commis aux écritures.* — Tenue des principaux registres en usage dans le service des subsistances militaires : compte d'avances de fonds, registre-journal, main courante, compte de gestion, registre d'inventaire. Registres auxiliaires, pièces à l'appui.

III. — Habillement et campement.

a) Connaissances communes à toutes les professions.

1° Organisation générale des magasins administratifs de l'habillement et du campement.

2° Notions générales sur le fonctionnement du service de l'habillement dans les corps de troupes, surtout au point de vue de leurs relations avec les magasins administratifs. Demandes des corps : registre de ces demandes ; carnet des redus. Carnet de préparation de la commande trimestrielle.

3° Notions générales sur l'organisation du service de l'habillement et du campement en campagne. Détachements fournis par la section d'ouvriers d'administration au service de l'habillement en campagne.

4° Administration d'un détachement au point de vue du prêt et de l'ordinaire.

5° *Personnel civil.* — Notions générales sur le recrutement et la situation de ce personnel. Traitements divers ; punitions ; cas de maladies ; retraites. Accidents du travail : caractériser un accident. Formalités à remplir dans ce cas.
Comptabilité spéciale pour le personnel : Registre matricule. Pièces à établir pour le fonctionnement du service médical. Instruction d'une demande d'emploi.

6° *Matériel en général.* — Ses divisions. Indiquer, pour chacune des catégories, le mode d'emmagasinage et d'entretien du matériel.

7° Notions générales au point de vue des formalités administratives à remplir sur les divers cahiers des charges qui régissent la fourniture des draps, des toiles et des effets confectionnés.

Draps. — Divisions au point de vue de la finesse et des nuances. Formalités administratives remplies depuis l'expédition d'une pièce de drap au magasin jusqu'à son entrée définitive dans les approvisionnements. Pièces ajournées et refusées : renvoi en fabrique.

Toile. — Divisions. Leur réception. Epreuve du lessivage.
Carnet de métrage des draps et des toiles. Compte courant avec les fournisseurs. Compte courant avec l'entrepreneur des confections. Carnet d'inventaire.

Effets confectionnés. — Livraison des draps et des toiles aux entrepreneurs d'effets confectionnés. Mode de fourniture des visières ; livraison aux entrepreneurs. Matières premières fournies par les entrepreneurs.

Réception des pièces séparées de la chaussure.

Etats de pointure : les expliquer.

Réception des effets confectionnés, par les experts, par la commission.

Registre des effets en magasin.

Des commissions d'appel.

8° Notions générales sur le matériel du campement proprement dit et le couchage auxiliaire.

Tentes diverses, leur montage et démontage.

Divers ustensiles de campement.

Composition d'une collection de couchage auxiliaire. Foulonnage des couvertures. Lavage et entretien des effets de couchage auxiliaire.

Enlèvement des taches. Dégradations par les corps de troupes. Imputations, leurs constatations.

9° *Harnachement*. — Composition, entretien et renouvellement de ce matériel.

10° Matières de consommation courante et matériaux d'emballage. Modes de fourniture, destination.

11° Formalités à remplir pour assurer l'exécution des transports de matériel. Demande de transport. Lettre de voiture. Registre H.

Transports particuliers du magasin aux fabriques de drap et *vice versa*. — Pièces nécessaires.

b) Connaissances techniques particulières à chaque profession
ou emploi spécial.

(Connaissances très sommaires sur ces divers points.)

1° *Laine*. — Définition des termes suivants : laine peignée, laine cardée, laine mère, pelades, jarres, blousses, tontisses, effilochages.

Principaux accidents qui peuvent être constatés sur une pièce de drap. Définir les termes suivants : barres, ribaudures, rentrayages, épincetages, queue de rat, reprises, nuances, bouchons, plis de presse.

2° *Coton, lin*. — Notions très sommaires sur le travail du

coton. Principaux accidents qui peuvent être constatés sur une pièce de toile.

3° *Cuirs.* — Nature des cuirs employés par l'administration. Définition des termes ci-après : cuir nourri, demi-nourri, quart nourri, hongroyé, corroyé, fleur, chair, noirci sur fleur, noirci sur chair.

Défauts des cuirs. Définition des termes suivants : coutelure, piqûre de taons, cuir creux, cuir vert, cuir cornard, cuir acide, cuir échauffé, cuir dérayé à la veine, marques de feu, varous, cuir verdelet.

4° *Bois, métaux divers.* — Essences de bois. Liège. Tôles. Fers-blancs. Bois et métaux employés pour chaque objet entrant dans les approvisionnements.

Entretien des bois, peinturage. Entretien des ferrures. Coal-tarisation.

Etamage. Décapage. Soudure. Bain d'étain. Analyse d'étain.

Ferrures et boucletterie du harnachement. Entretien.

5° *Suifs, graisses, huiles.* — Nature des graisses employées : huile antoxyde, graisses Thomas et Dubbing. Ingrédients employés pour combattre les insectes : naphtaline, camphre, poudre de pyrèthre. Manière de se procurer ces ingrédients.

Procédés employés pour enlever les taches de graisse sur un effet (ammoniaque, benzine). Naphtaline. Savons. Terres employées pour les dégraissages : argile smectique et magnésite (de Salinel).

6° *Machines à vapeur et appareils spéciaux.* — Notions très sommaires sur la machine à vapeur et l'appareil de décatissage. Hygromètre. Dynamomètre (Chevefy ou Perraud). Compte-fils. Palmamètre. Antréomètre. Jauge Palmer. Appareil Bossière. Microscope. Thermomètre. Pèse-lessive.

But et usage des divers appareils spéciaux.

7° *Acides azotique et chlorhydrique.* — Leur emploi dans le service de l'habillement.

8° *Comptabilité.* (Partie spéciale aux commis aux écritures.)

Comptabilité-matières.

Règlement du 26 décembre 1902 et instruction du 30 décembre 1902 (notions générales et surtout pratiques).

Comptes de gestion. Registres-journaux.

Pièces diverses à établir pour :

La livraison de matières premières à l'entrepreneur de confection ;

La livraison aux corps de troupes des effets demandés à titre de remboursement, à titre gratuit ;

La livraison de la graisse Thomas, de la naphtaline ;

L'entrée des effets reçus en magasin ;

L'entrée des draps et toiles reçus en magasin ;

Le prêt du matériel ;

Les réformes et remises aux domaines.

Situations 190 et 190 *bis*.

Comptabilité-deniers.

Avances de fonds ; carnet d'avance de fonds ; registre de caisse ; carnet d'autorisation d'achats ; payement des matières achetées sur les avances et pièces à établir ; payement des frais d'affichage, des frais d'insertion, des frais de publication, des frais d'impression.

Pièces à établir pour ces divers cas de comptabilité :

Solde du personnel : registre-contrôle, relevé récapitulatif des salaires, versements à la caisse des retraites.

Pièces à établir trimestriellement pour effectuer ces versements :

Retenue sur la solde ; comment cette retenue figure-t-elle dans la comptabilité ?

Modèle N° 1.

Il est établi un procès-
verbal distinct pour chaque
grade (attaché de 1re classe
et attaché de 2° classe).

Instruction
du 2 février 1909.

Art. 16 des dispositions
spéciales à l'intendance.

PROCÈS-VERBAL

*constatant le résultat des épreuves du concours,
subies par les candidats au grade d
du cadre auxiliaire.*

L'an   , le   février :
Vu les instructions en vigueur et notamment
les articles 14 à 16 de l'instruction ministérielle
du 2 février 1909 ;
Vu la dépêche en date du   dudit mois de
février   de M. le Président du Comité technique de l'intendance, portant envoi des plis ca-
chetés pour le concours et faisant connaître qu'il
est accordé un délai de   heures aux candidats
pour la composition écrite ;
La commission locale, instituée pour procéder
à l'examen des candidats au grade de
du cadre auxiliaire et composée de :
MM.   , président,
                   , membres,
s'est réunie pour faire subir les épreuves pres-
crites.
Les candidats, autorisés à concourir et qui ont
été régulièrement convoqués, sont :
MM. (nom, prénoms, situation militaire, profession avec indication si le candidat représente
ou non une maison étrangère, diplôme en droit
s'il y a lieu, adresse).
Le président, après avoir ouvert la séance, a
donné communication aux membres de la commission des dispositions de l'instruction précitée
du 2 février 1909, relatives à la manière de procéder des commissions locales chargées d'examiner
les candidats ; il a ensuite proposé l'ordre ci-
après pour les opérations de la commission :
Cette proposition est adoptée.
L'état inclus indique la notation faite par la
commission en ce qui concerne les épreuves qu'elle
a eu à apprécier.
Les dossiers des candidats sont ci-joints.
De tout quoi, le présent procès-verbal a été
dressé et signé par le président et les membres
de la commission.
Fait à   , les jour. mois et an que
d'autre part.

Il est établi un état distinct pour chaque grade.

MODÈLE Nº 2.

—

Instruction
du 2 février 1909.

—

Art. 16 des dispositions spéciales à l'intendance.

ÉTAT, par ordre alphabétique, des candidats qui ont pris part, en 19 , au concours pour le grade d'attaché de ᵉ classe à l'intendance du cadre auxiliaire.

NOM et PRÉNOMS des candidats.	PROFESSION.	SITUATION MILITAIRE.	DIPLOME EN DROIT.	NOTES OBTENUES.				PRODUIT DES NOTES par les coefficients.				POINTS ajoutés pour			SOMME DES POINTS.	OBSERVATIONS.
				Épreuve d'équitation.	Examen oral.	Examen allemand.	Aptitude physique et morale.	Épreuve d'équitation, C—8.	Examen oral, C—20.	Examen d'allemand, C—5.	Aptitude physique et morale, G—5.	Langues étrangères autres que l'allemand.	Périodes d'instruction.	Diplômes de droit, L—50. D—75.		

DOSSIER

de M.   (nom, prénoms, pro-
fession, corps), domicilié à   ,
canton d   , département d   ,
candidat au grade d'attaché de   ᵉ classe
à l'intendance du cadre auxiliaire.

SOMMAIRE.

Mémoire de proposition modèle n° 1 de l'instruction du   ;

Demande de l'intéressé ;

Extrait de l'acte de naissance ; ⎫
Extrait du casier judiciaire ;   ⎬ (à produire seule-
                                 ⎭ ment pour les
sous-officiers et les anciens enga-
gés condition-
nels).

Copie certifiée conforme du diplôme de
           en droit ou du certificat qui en
tient lieu (s'il y a lieu) ;

Certificat constatant l'aptitude en équitation ;

Composition écrite du candidat.

MODÈLE Nᵒ 4.

Instruction
du 2 février 1909.

Art. 23 des dispositions
spéciales à l'intendance.

· CORPS D'ARMÉE.

(1)

(1) Réserve de l'armée active *ou* armée territoriale.

(2) Bureaux de l'Intendance *ou* Subsistances *ou* Habillement et Campement.

(3) Militaire *ou* général.

(4) Corps d'armée *ou* Gouvernement militaire.

(5) Grade, nom et prénoms.

(6) Active *ou* territoriale.

LETTRE DE NOMINATION

à l'emploi d'adjudant d'administration du cadre auxiliaire du Service de l'intendance.

(²)

Par application de l'article 23 de l'instruction du 2 février 1909, l'intendant (3)
, directeur de l'intendance d (4)
, nomme à l'emploi d'adjudant d'administration du cadre auxiliaire du service de l'intendance (2)   ,
le (5)   , de la   ᵉ section (6)   de commis et ouvriers militaires d'administration, domicilié à
, canton d   ,
département d

Au jour de la mobilisation, fixé par l'ordre de route inscrit à son livret, l'intéressé se rendra au lieu qui lui est prescrit, où il recevra une lettre de service lui faisant connaître son emploi.

A   , le   19 .

L'intendant (3)
Directeur de l'intendance,

MODÈLE N° 5.

⁰ CORPS D'ARMÉE.

Instruction
du 2 février 1909.

**Cadre auxiliaire du service
de l'intendance.**

Art. 25 des dispositions
speciales à l'intendance.

ETAT indiquant le montant détaillé des crédits nécessaires pour la convocation, en 19 , des fonctionnaires, des attachés et des officiers d'administration appartenant à la ᵉ région.

GRADES.	DÉSIGNATION numérique du personnel susceptible d'être convoqué.		CRÉDITS NÉCESSAIRES.									
			SOLDE PAR JOUR.	INDEMNITÉS				TOTAL par jour.		TOTAL pour la durée de la période d'instruction		
	Réserve.	Armée territoriale.		de résidence.	de monture.	aux troupes en marche.	de frais de bureau.	Réserve.	Armée territoriale.	Réserve.	Armée territoriale.	général pour la réserve et pour l'armée territoriale.
I. — Manœuvres et surveillance de la fabrication des conserves de viande.												
Sous-intendant { de 1ʳᵉ classe.												
de 2ᵉ classe.												
de 3ᵉ classe.												
Adjoint à l'intendance......												
Attaché........ { de 1ʳᵉ classe.												
de 2ᵉ classe.												
TOTAL.............												
Officier d'administration { principal...												
de 1ʳᵉ classe.												
de 2ᵉ classe.												
de 3ᵉ classe.												
TOTAL.............												(1)

(1) Dont   fr. pour la surveillance de la fabrication des conserves.

GRADES.												
II. — Convocations normales.												
Sous-intendant { de 1ʳᵉ classe.												
de 2ᵉ classe.												
de 3ᵉ classe.												
Adjoint à l'intendance......	—											
Attaché........ { de 1ʳᵉ classe.												
de 2ᵉ classe.												
TOTAL.............												
Officier d'administration { principal...												
de 1ʳᵉ classe.												
de 2ᵉ classe.												
de 3ᵉ classe.												
TOTAL.............												

Paris et Limoges. — Imp. et librairie militaires Henri CHARLES-LAVAUZELLE.

www.ingramcontent.com/pod-product-compliance
Lightning Source LLC
LaVergne TN
LVHW010329030726
842520LV00004B/1345